BEI GRIN MACHT SICH IHR WISSEN BEZAHLT

- Wir veröffentlichen Ihre Hausarbeit, Bachelor- und Masterarbeit

- Ihr eigenes eBook und Buch - weltweit in allen wichtigen Shops

- Verdienen Sie an jedem Verkauf

Jetzt bei www.GRIN.com hochladen und kostenlos publizieren

Bibliografische Information der Deutschen Nationalbibliothek:

Die Deutsche Bibliothek verzeichnet diese Publikation in der Deutschen National-
bibliografie; detaillierte bibliografische Daten sind im Internet über http://dnb.d-
nb.de/ abrufbar.

Dieses Werk sowie alle darin enthaltenen einzelnen Beiträge und Abbildungen
sind urheberrechtlich geschützt. Jede Verwertung, die nicht ausdrücklich vom
Urheberrechtsschutz zugelassen ist, bedarf der vorherigen Zustimmung des Verla-
ges. Das gilt insbesondere für Vervielfältigungen, Bearbeitungen, Übersetzungen,
Mikroverfilmungen, Auswertungen durch Datenbanken und für die Einspeicherung
und Verarbeitung in elektronische Systeme. Alle Rechte, auch die des auszugsweisen
Nachdrucks, der fotomechanischen Wiedergabe (einschließlich Mikrokopie) sowie
der Auswertung durch Datenbanken oder ähnliche Einrichtungen, vorbehalten.

Impressum:

Copyright © 2010 GRIN Verlag, Open Publishing GmbH
Druck und Bindung: Books on Demand GmbH, Norderstedt Germany
ISBN: 9783640559206

Dieses Buch bei GRIN:

http://www.grin.com/de/e-book/146518/die-phantastischen-erzaehlformen-im-
kapitel-landeskunde-in-uwe-timms

Ilona Sontag

Die phantastischen Erzählformen im Kapitel "Landeskunde" in Uwe Timms Werk "Morenga"

GRIN Verlag

GRIN - Your knowledge has value

Der GRIN Verlag publiziert seit 1998 wissenschaftliche Arbeiten von Studenten, Hochschullehrern und anderen Akademikern als eBook und gedrucktes Buch. Die Verlagswebsite www.grin.com ist die ideale Plattform zur Veröffentlichung von Hausarbeiten, Abschlussarbeiten, wissenschaftlichen Aufsätzen, Dissertationen und Fachbüchern.

Besuchen Sie uns im Internet:

http://www.grin.com/

http://www.facebook.com/grincom

http://www.twitter.com/grin_com

The Genius of Place – Landeskunde in Uwe Timms "Morenga"

Inhalt

1. Einleitung 1
2.1 Gegenüberstellung Deutsche und Eingeborene 2
2.2 Das Verhältnis der Menschen zu ihrer Umgebung 3
3. Das Scheitern der Einzelnen 4
4. Fazit 8
Bibliographie: 10

Coverbild: www.zeno.org

1. Einleitung

Uwe Timms Roman "Morenga" war bei seiner Publikation im Jahre 1987 der erste Roman, der sich kritisch mit der deutschen Kolonialherrschaft beschäftigte und damit zu Beginn der Achtzigerjahre eine zögerliche und zudem längst überfällige Auseinandersetzung mit diesem Aspekt der deutschen Geschichte einläutete (vgl. Wilke, 335). Der Roman bietet jedoch nicht nur inhaltlich etwas zur damaligen Zeit völlig neues, sondern zeichnet sich auch durch seinen Montagecharakter aus, den Hielscher in seinem Essay durch die Verknüpfung als auch Konfrontation folgender drei Erzählformen definiert: „der psychologische Entwicklungs-roman, der Dokumentarroman im engeren Sinne und die phantastischen Erzählformen der oralen Erzähltradition und des lateinamerikanischen Romans" (Hielscher, 463). Gerade auf die letzte der genannten Erzählformen, welche vor allem in den mit „Landeskunde" betitelten Kapiteln zum Ausdruck kommt, soll in der vorliegenden Arbeit eingegangen werden. Insbesondere soll sich in diesem Zusammenhang dem Thema gewidmet werden, inwiefern es den deutschen Neuankömmlingen wie Gorth, Klügge und Treptow gelingt, sich in der für sie neuen Umgebung zurechtzufinden und welche Rolle Timm dabei dem Land an sich zuweist.

In einem ersten Schritt soll dazu eine kurze Gegenüberstellung von den Deutschen zu den Eingeborenen und der jeweiligen Beziehung zum Ort des Geschehens erstellt werden um zu verdeutlichen wie diese Verhältnisse im Buch dargestellt werden. Im Anschluss werden die drei in den Landeskunde-Kapiteln beschriebenen Personen und ihr Werdegang im Verlauf des Buches genauer analysiert, wobei sowohl ihre persönliche Einstellung gegenüber der neuen Kultur als auch die darauf folgende Gegenwirkung in Betracht gezogen werden. Schließlich wird in einem Fazit zusammengefasst, welche Rolle die Deutschen mit ihrem Schaffen in Afrika einnehmen und wie ihr Scheitern zu erklären ist.

2.1 Gegenüberstellung Deutsche und Eingeborene

Timm leistet durch seinen Roman eine "Gegenüberstellung der kolonialistisch instrumentierten Herrschaftsgesten [...] mit einem ‚Anderen'" (Hielscher, 464), wobei das „Andere" vor allem das Handeln und Denken der Eingeborenen, sowie andere Aspekte des Landes an sich bezeichnet. Diese Gegenüberstellung erfasst die Deutschen auf den ersten Blick als die Kolonisatoren, die meist abhängig von Hierarchieverhältnissen und langen Dienstwegen sind. Die Eingeborenen dagegen sind in ihren Stämmen meist gleichberechtigt, abgesehen vielleicht von Stammesführern. Auch Frauen haben bei ihnen Rechte, wie den Deutschen auffällt. Während die Deutschen Konkurrenzverhalten als „de[n] Antrieb jeder wirtschaftlichen Entwicklung" (Timm, 359) bezeichnen, kennen die Nama so etwas nicht und verlassen sich stattdessen auf das Prinzip der gegenseitigen Hilfe und Nächstenliebe. Auch in der Kriegsführung sind die Deutschen und die Eingeborenen oppositioniert. Die Deutschen zählen auf große Manöver, die vorher lange geplant werden und mit großer Maschinerie und Menscheneinsatz ausgeführt werden. Fast immer sind sie dabei aber kleinen Gruppen von Eingeborenen unterlegen, die sich in der Landschaft auskennen und durch ihre Guerilla-Kriegsführung erfolgreicher sind. Zudem scheinen die Nama das Land, in dem sie leben, mehr zu achten und dadurch offen zu sein für ein fast schon magisches Verhältnis zum Land, Tieren und anderem Übernatürlichen. So können sie an den Wolken das Wetter ablesen, aber auch mit Ochsen reden und Geister beschwören (zumindest eine ältere Frau ist dazu in der Lage). Hielscher geht in seinem Essay insgesamt so weit zu sagen, dass der „Code" der Nama für eine „andere Erzähltradition und eine sinnlich geprägte Weltauffassung steht". Dieser und der rationalistische Code der Kolonisation kreuzten sich in Gottschalk, der als der wichtigste Charakter der Romans eine Entwicklung durchmacht bei der er sich immer weiter von seinen Landsleuten und deren Kultur entfernt und sich immer mehr zu den Eingeborenen hingezogen fühlt. Er möchte die beiden Diskurse jedoch nicht austauschen, sondern den eigenen durch den neuen, anderen erweitern. Am Ende gelingt ihm dies laut Hielscher aber nicht. Dafür hat er seinen eigenen Diskurs verändert (vgl. Hielscher, 464 f.).

Trotz dieser, auf den ersten Blick eindeutigen Gegensätzlichkeit von Invasierenden und Invasierten muss jedoch betont werden, dass die Rollen in diesem Buch nicht ganz so klar verteilt sind, wie man es vielleicht von einem kritischen Roman erwarten würde. Timm macht zwar deutlich, dass es sich um einen „unbarmherzige[n] Raub- und Vernichtungskrieg der weißen Eindringlinge", sowie um einen bewusst inszenierten Krieg handelt „um endlich ihren Siedlern mehr Land zu verschaffen" (Hermand, 55) handelt. Trotzdem wird dies nicht so radikal dargestellt, wie es hätte erwartet werden können, sondern vielmehr im Sinne eines

„kritischen Realismus" (ebd., 55), der die Leser zu Eigenengagement auffordern soll. So hat der Roman also trotz aller Sympathien für die eingeborene Bevölkerung nichts wirklich Appellatives (vgl. ebd., 55). Stattdessen kann man bei näherer Betrachtung feststellen, dass die Grenzen zwischen den beiden verschiedenen Gemeinschaften nicht so eng sind, wie man annahm. So sind die Eingeborenen nicht fehlerfrei, sondern verfallen immer wieder dem Alkohol, beuten für Geld auch ihr eigenes Land aus (töten sogar den letzten Vogel Strauss für seine Federn, nur um vom Erlös wieder Branntwein kaufen zu können) und missachten das Eigentum anderer. Zudem können sie auch sehr hinterhältig sein und auch wenn Hielscher behauptet, dass die Kolonisatoren bei der Kriegsführung als „die deutlich Barbarischeren" erscheinen, gibt es auch Situationen, in denen die Schwarzen im Krieg nicht gerade vor Niedertracht zurückschrecken; so z.b. bei der ersten Großoffensive, bei der die Deutschen in einem Tal eingekreist werden und die Hottentotten sie durch Versprechungen ins Feuer locken (vgl. Timm, 93). Die Deutschen sind im Gegenzug auch nicht ausnahmslos niederträchtig. Viele von ihnen finden zwar nur Spott für die Sprache der Eingeborenen, doch dienen gerade Figuren wie Gottschalk und Wenstrup dem Beweis, dass es auch andere Ansichten gibt. Beide geben sich Mühe, die Sprache der Nama zu lernen (wenn auch aus verschiedenen Beweggründen) und gerade Gottschalk bemüht sich immer wieder, den Eingeborenen zu helfen. Viele der anderen Deutschen verfallen wie auch die Eingeborenen dem Alkohol, da sie mit den neuen Lebensumständen nicht zurecht kommen. Insgesamt herrscht also eine Hybridität, durch die die Grenzen zwischen Invasierenden und Invasierten immer unklarer werden. Dem Leser wird also vermittelt, dass reines Schwarzweiß-Sehen nicht unbedingt der Wahrheit entsprechen muss.

2.2 Das Verhältnis der Menschen zu ihrer Umgebung

Die eingeborene Bevölkerung scheint bis auf wenige Ausnahmen im Einklang mit ihrer Umgebung zu leben. Sie sind glücklich mit ihrer Art des Lebens, bei der sie nur dann arbeiten, wenn es nötig ist und ansonsten lieber gar nichts tun. Die Weißen sehen das zwar als „faul" an, sie selber meinen, dass sie schlicht ihr Leben genießen wollen anstatt immer nur zu arbeiten. An mehreren Stellen im Roman gibt es Situationen, in denen der Einklang zwischen Mensch und Kultur besonders deutlich wird. So kann Petrus im Gegensatz zu Gorth intuitiv spüren, dass bald Regen kommen wird (vgl. ebd., 128). Auch können sie ohne Probleme mit den Ochsen reden und wundern sich sogar, dass die Deutschen es nicht können (Rolfs zu Gottschalk: „Du willst Arzt der Rinder sein, aber kannst sie nicht einmal verstehen", S. 426).

3

Timm selber macht interessanterweise auch deutlich, dass nichts komisches dabei ist, mit diesen Tieren reden zu können. Zum einen kommen die Ochsen selber zu Wort, wodurch jede Vermutung, dass es sich bloß um Lügen oder Halluzinationen der Nama handeln könnte, ausgeschlossen wird. Zudem sind genau die Kapitel, in denen die sprechenden Ochsen auftreten, ironischerweise wie Hielscher sagt, mit „Landeskunde" betitelt (vgl. Hielscher, 466). Auch gibt es kaum einen Zweifel daran, dass die alte Greisin, die mit ihrem Voodoo Zauber versucht die Landgesellschaft zu töten tatsächlich magische Fähigkeiten hat. Ihr Zauber wirkt leider erst verspätet, aber dann muss sich die Landgesellschaft tatsächlich nur wenige Tage nach der Zerstörung der angefertigten Puppe auflösen. Timm stellt der Greisin, die für ihre aus Pflanzen- und Tierpartikeln angerührten Tränke berühmt ist, sowie allen anderen auf ihre Intuition oder Aberglauben vertrauenden Eingeborenen die deutschen Missionare gegenüber, die versuchen den christlichen Glauben auch in Afrika zu verbreiten.

3. Das Scheitern der Einzelnen

Die erste deutsche Person, die in einem Landeskunde-Kapitel vorkommt und den Kampf gegen das Land aufnimmt, ist Missionar Gorth. Schon seine Mutter war Mitglied der Rheinischen Mission und „häkelte bis zu ihrem Tode jedes Jahr siebenundzwanzig Wollmützchen, die den Missionsstationen in Grönland und Südafrika zugeschickt wurden" (Timm, 123), der erste ironische Hinweis darauf, dass man in dieser Familie wohl nicht wirklich zu bedenken scheint, was für Umstände in dem Land herrschen, sondern es für der deutschen Kultur sehr ähnlich hält. Auch Gorths Verlobte, die ihm nach Afrika hinterher reist, fällt durch ihre den Umständen nicht angepasste Mode auf (Kleid mit Rüschen, hochhackige, geknöpfte Lackstiefel, vgl. ebd., S. 141).

Auch zeichnet sich Gort schon bei seiner Einreise dadurch aus, dass er versucht, die ihm bekannte deutsche Kultur mit nach Afrika zu bringen. So bringt er nicht nur ein Klavier mit, sondern auch eine Sau, die er sogar auf eigene Kosten transportieren lässt (vgl. ebd., 120). Nur kurz nach seiner Ankunft versucht er dann, einen Gemüsegarten anzulegen, muss aber kurz darauf schon feststellen, dass der Salzgehalt der Erde seine Pläne zunichte macht. Auch hört er nicht auf Petrus, der ihn vor einem nachenden Gewitter warnen will, sondern scheint die Wetterverhältnisse von Deutschland und Afrika zu vergleichen; er geht also davon aus, dass wenn er nur blauen Himmel sieht, es in der nächsten Zeit auch nicht regnen wird. Er scheint seinen Fehler später tatsächlich einzusehen, denn als er später in der Werft ist und sich kaum von den ihn anbetenden Menschen losreißen kann, bricht er schließlich nur auf, weil

Petrus einen neuen Regen ankündigt. Dieses Mal glaubt er ihm dann also, aus seiner Erfahrung klug geworden. Insgesamt beschreibt Baumbach in ihrem Essay, dass Gorth in jedem Fall einem Kontrollverlust unterliegt aus dem Grund, dass er sich den Eingeborenen zu sehr angenähert hat (vgl. Baumbach, 98 f.). Er hat die Zeit bei ihnen genossen und bemüht sich immer wieder ihre Sprache zu lernen.

An seinem letzten Abend raucht Gorth zum ersten Mal Dagga und gerät daraufhin in eine Art ekstatischen Zustand, in welchem er tanzt und Halluzinationen bekommt. Einen Tag später redet er erstmals mit einem der Ochsen. Im Buch wird erwähnt, dass man sich nach Gorths Tod, der wenige Zeit später eintritt, immer fragte ob er daran starb, dass er auch bei stechender Sonne keine Kopfbedeckung trug, oder am Rauchen des Daggakrauts. Wie sich später herausstellt, hat Gorth allerdings sehr wohl ein Tuch auf dem Kopf getragen (vgl. ebd., 143), dafür aber wohl immer öfter das Rauschmittel geraucht; er spricht sogar schon von „seiner" Pfeife, die er abends rauchte (vgl. ebd., 147). Nur kurz nach seiner ersten Pfeife wird er allerdings krank, leidet an Kopfschmerzen und Fieber. Als er schon kurz davor ist zu sterben, scheint ihm klar zu werden, dass er mit falschen Vorstellungen in dieses Land gekommen ist. Er redet von dem Klavier, das er „über Tausende von Kilometern in diese menschenleere Landschaft hatte schleppen lassen" (ebd., 149) und später davon, dass er das „dümmlich schwarzlackierte Klavier" nicht mehr ertragen könne (ebd., 150). Das Klavier dient also am Ende als Symbol für seine Ignoranz, als auch für seine Pläne, dem neuen Land die deutsche Kultur aufzuzwingen. Als er sich selber dem Land schon angenährt hat, z.B. durch das Dagga-Rauchen, erkennt er schließlich, dass seine Pläne sinnlos waren. Interessant ist zudem, dass auch Gottschalk zu Beginn davon träumt, in seinem geplanten Heim u.a. ein Klavier stehen zu haben, auf dem man Hausmusik machen könne (vgl. ebd., 21).

Im nächsten Landeskunde-Kapitel geht es vor allem um Klügge. Als Händler hat er aufgrund seiner Erfahrung beschlossen, keinen wie er es nennt „Kleinkram" mehr zu verkaufen, sondern hat ein riesiges mobiles und von 22 Ochsen gezogenes Fass gebaut, in dem er nun Branntwein verkauft. Anfangs scheint sein Plan gut, denn immerhin sind die Eingeborenen sehr begierig was Alkohol angeht. Auch hat er das Fass über lange Zeit geplant und dabei viele Faktoren wie Sonneneinstrahlung und Diebstahl einkalkuliert. Dass auch er weiterhin an Standards festhält, die er von Deutschland gewohnt ist, wird z.B. dadurch deutlich, dass er sich den Luxus gönnt, sich zweimal täglich zu waschen. Auch trägt er immer schwarz, trotz der Hitze (vgl. ebd., 186). Den Nama gegenüber verhält er sich ausbeuterisch, will nur mit ihnen handeln um reich zu werden und ist enttäuscht feststellen zu müsse, dass sie bei geschäftlichen Dingen eine Unverfrorenheit besitzen, die er nicht erwartet hätte („Er hatte gehofft, unverbildete Wilde zu finden", vgl. ebd., 189). Anstatt die Eingeborenen, wie gehofft ausbeuten zu können, wird er sogar selber hereingelegt als ihm eine Kuh inklusive eines Bandwurmes angedreht wird, die bald darauf stirbt. Klügge hält die Welt daraufhin für „verkehrt" (ebd., 190). Seine anfänglichen Versuche als Händler erfolgreich zu sein scheitern also allesamt, vor allem da er nicht Eigenheiten der Nama einkalkuliert hat, wie z.b. dass sie einen Knopf, hatten sie ihn einmal verloren, in stundenlanger Arbeit suchen würden bis sie ihn fanden.

Die Idee mit dem Fass scheint schließlich also seine Rettung zu sein. Nachdem der Missionar des Dorfes, in dem Klügge sein Glück versuchen will, zu einer anderen Siedlung reisen muss, wird Klügge auch endlich erfolgreich und sein Branntwein findet reißenden Absatz. Er verleitet alle Mitglieder des Stammes, der über zehn Jahre lang trocken gewesen war, erneut zum Alkoholismus und ist letzten Endes der Grund für die Ausrottung des Straußen in der Gegend von Bethanien, da er sich nur mit deren Federn bezahlen lassen will. Somit nimmt Klügge, wie er es schon vorher in Zusammenarbeit mit seinem Chef Morris getan hat, einen sehr negativen Einfluss auf Land und Leute.

Aber auch er bleibt nicht von Konsequenzen verschont. Schon zu Beginn litt er unter Syphilis, doch bei seiner Abreise aus Bethanien beginnt er an einer komischen Krankheit zu leiden, die ihm das Gefühl gibt als „habe sich ausgerechnet dort [im Kopf] der Sand abgelagert, den er in all den Jahren in diesen Wüstenstrichen hatte schlucken müssen" (ebd., 216). Auch glaubt er den Sand in seinen Gelenken knirschen zu hören. Zudem wird das Fass für ihn zu einer immer größeren psychischen Belastung. Er muss ständig aufpassen, da verschiedene Leute ihm den Branntwein stehlen wollen, wie z.b. Doktor Dominicus, der sogar ein Loch in das Fass schießt. Da man den Pfropfen, den er in das Loch steckte, mühelos entfernen kann, schläft er in immer kürzeren Zeitabständen und hat sogar den Albtraum, in dem Fass gefangen zu sein, der besonders stark seine größer werdende Abneigung dem Fass gegenüber zum Ausdruck bringt. Schließlich werden Klügges körperliche Beschwerden immer stärker und er beginnt nach und nach immer wirrer zu reden und über die Kälte zu schimpfen, auch in der Mittagshitze. Seine mentale Labilität endet darin, dass er das Fass in Brand steckt und damit selber dem ein Ende setzt, was so viel Niedertracht in die Gegend brachte. Die Tatsache, dass beschrieben wird Klügge hätte später nur noch eine fremde, nie gehörte Sprache gesprochen, sowie die Situation kurz vor dem Anstecken des Fasses, in der er einen der Ochsen liebkost und die Tiere verteidigt, könnten ein Hinweis darauf sein, dass nun auch er, wie schon zuvor Gorth, mit den Ochsen sprechen kann. Es ist zwar korrekt, dass Klügge nicht wie Gorth an seiner Krankheit stirbt, aber ein soziales Leben ist auch ihm nicht mehr möglich. Eines Tages verschwindet er einfach in der Landschaft.

Der letzte Hauptcharakter eines Ladeskunde-Kapitels ist Treptow, ein Landvermesser. Im Gegensatz zu den anderen unterliegt er nicht einem kompletten Kontrollverlust, sondern „gerät […] nur aus dem Rhythmus" (Baumbach, 98). In einer einleitenden Beschreibung von ihm und seinen Zielen wird erklärt, dass er von der bezwingenden Macht der Technik überzeugt ist und mithilfe technischer Mittel „Defekte" in der Natur beheben wolle. Unter anderem werden Projektideen von ihm geschildert, bei denen er den Nil umleiten oder aber sogar das Kaspische mehr trockenlegen will (vgl. Timm, 287 f.). Wieder einmal zeigt sich hier, dass ein Deutscher die Natur und die Umgebung nicht so respektieren kann wie sie sind.

Treptow zeichnet sich außerdem durch sein morgendliches Gymnastikprogramm, sowie seine Disziplin und den Gehorsam aus, mit dem er seine Vermessungen betreibt. Auch ist es er, der die These aufstellt, dass sich Kultur im Gebrauch von Seife zeigt (vgl. ebd., 290). Nur wenig später jedoch, nachdem er in eine Art Sinnkrise verfallen ist, beginnt auch er damit sich nicht mehr zu waschen. Ihm wurde erzählt, dass die Eingeborenen, da sie gesehen haben, dass Treptow oft Karotten isst, anfingen aus Karotten einen negativen Liebestrank zu mischen um ihre Nebenbuhler verschwitzt und hektisch zu machen. Als er ein Gespräch belauscht, in dem die Frage fällt, warum Treptow sich eigentlich derart abrackere, beginnt er plötzlich über diese Frage nachzudenken bis er schließlich sogar über den Sinn des Lebens nachgrübelt. Er macht daraufhin seine morgendlichen Übungen nicht mehr und beginnt seine Arbeit verspätet. Er fängt also an sich nach und nach zu ändern, sich den Eingeborenen immer mehr anzugleichen obwohl er sie immer noch nicht richtig verstehen kann. Auch fühlt er sich zu den Hottentottenmädchen hingezogen. Dies alles ändert sich jedoch wieder, als ein Brief von seinem „väterlichen Freund" Professor Bernhard ankommt wodurch er wieder aufgerüttelt wird und seine alte Lebensweise wieder aufnimmt. Der Leser erfährt im Zusammenhang mit der kleinen Voodoo-Puppe, dass Treptow wieder nach Deutschland zurückreiste und anscheinend keinen bleibenden Schaden davontrug.

Damit ist Treptow aber fast schon eine Ausnahme. Nicht nur Gorth und Klügge scheitern bei ihren Versuchen, in dem neuen Land zurecht zu kommen, sondern auch viele weitere Personen, die oft nur nebensächlich erwähnt werden. So wird im Zusammenhang mit Gorth dessen Vorgänger Knudsen erwähnt, der „vor knapp zwei Jahren […] in seine Heimat nach Norwegen abgereist [war], zermürbt und entmutigt nach dem neunjährigen Ringen um das Seelenheil der Hottentotten" (ebd., 123). Ebenfalls nur nebenbei wird berichtet, dass auch der Elefantenjäger Dominicus, der das Loch in Klügges Fass geschossen hatte, starb. Er wurde bei dem Versuch, einen jungen Elefantenbullen zu erlegen, von genau diesem zu Tode getrampelt.

An einer Stelle des Buches gibt es sogar eine kurze Zusammenfassung aller Begegnungen mit Deutschen, die der Eingeborenenstamm in Bethanien im Laufe der letzten Jahre gemacht hat. Es wird sowohl von allen schon erwähnten Personen berichtet, als auch von vielen Charakteren, die nicht weiter behandelt wurden. Fast alle haben gemeinsam, dass sie in Afrika scheiterten, Alkoholiker wurden und „unerhörte, einmalige Tode, die ihrer Leben würdig waren" (ebd., 293) erlitten. Dabei sind diese Todesfälle keinesfalls heroisch, sondern eher makaber, wie z.b. betrunken überrollt zu werden, von Schlangen gebissen zu werden oder sich versehentlich oder mit Absicht eine Kugel in den Kopf zu schießen. Wobei dies noch die normalen Todesfälle seien.

4. Fazit

Bei näherer Analyse der Landeskunde-Kapitel ergibt sich die Beobachtung, dass alle einreisenden Deutschen den Fehler machen, mit falschen Erwartungen nach Afrika zu kommen. Die Missionare überschätzen die Glaubensfestigkeit der Eingeborenen, viele sind auf das Klima und andere landestypische Faktoren nicht vorbereitet und nicht selten wird erwähnt, dass man die Hottentotten fälschlicherweise für ungebildete Wilde hielt. Auch gehen so gut wie alle Deutschen davon aus, dass das Land Veränderung benötigt, da sie die ihnen fremde Kultur nicht verstehen und damit für schlecht befinden. Allerdings scheitern so gut wie alle bei dem Versuch, Afrika die deutsche Kultur aufzudrängen.

Es wird klar, dass das Land mystische Fähigkeiten besitzt, die den Deutschen nicht erklärbar sind und mit deren Hilfe Land und Leute gegen die Weißen vorgehen. So stellen besonders die sprechenden Ochsen einen starken Kontrast dar, da sie in jedem der Landeskunde-Kapiteln erwähnt werden und damit dem Leser immer wieder durch ihr Auftreten bewusst machen, dass die christlichen und damit nicht an andere Phänomene glaubenden Deutschen falsch liegen. Auch andere mystische Phänomene wie die Voodoo-Puppe werden als bewiesenermaßen wirksam dargestellt, was nichts daran ändert, dass die Deutschen (in diesem Fall Treptow) nicht offen für diese Ansicht sind und es als einen Zufall abtun.

Letzten Endes ist es so gut wie keinem Deutschen gelungen, sich erfolgreich in Afrika niederzulassen. Anstatt, wie immer geplant war, die ungebildeten Eingeborenen zu einer höheren Entwicklungsstufe zu verhelfen, wurden fast nur negative Faktoren dauerhaft eingeführt. Dank der Weißen gibt es im ganzen Gebiet Südwestafrikas keinen Strauss mehr, viele Eingeborene sind durch den eingeführten Branntwein zu Alkoholkern geworden (manche direkt an Alkoholvergiftung gestorben), es kam zu Prostitution der Hottentottenfrauen, vielen Morden und natürlich zum Krieg im allgemeinen. Die einzigen Gegenbeispiele stellen die Schweine dar, die erstmals und erfolgreich von Gorth nach Afrika gebracht wurden, sowie Gottschalks Versuche, den Eingeborenen neue tiermedizinische Methoden beizubringen. Doch auch diese beiden Charaktere, die wie auch manche andere dem Land helfen wollen, müssen feststellen, dass sich „nach einer geheimnisvollen Gesetzmäßigkeit" jeder Versuch helfend einzugreifen in sein Gegenteil verkehrt (vgl. Timm, 411). Das Land lässt ein Eingreifen der anderen eben so weit es geht nicht zu.

Somit stimme ich schließlich vollkommen mit Hermand überein, der in seinem Essay feststellt:

> „Genau gesehen, scheint das gesamte Land auf der Lauer zu liegen und sich gegen die von einem anderen Kontinent kommenden und unter ganz anderen geographischen und klimatischen Bedingungen aufgewachsenen Fremdlinge zur Wehr zu setzen" (Hermand, S. 56)

Bibliographie:

Baumbach, Kora (2006): *Literarisches going native. Zu Uwe Timms Roman Morenga*. In: Frank Finlay and Ingo Cornils (eds.): "(Un-)erfüllte Wirklichkeit": neue Studien zu Uwe Timms Werk. Würzburg: Königshausen & Neumann, pp. 92-111.

Hermand, Jost (1995): *Afrika den Afrikanern! Timms Morenga*. In: Manfred Durzak and Hartmut Steinecke (eds.): Die Archäologie der Wünsche. Studien zum Werk von Uwe Timm. Cologne: Kiepenheuer & Witsch, pp. 47-63.

Hielscher, Martin (2003): *Sprechende Ochsen und die Beschreibung der Wolken. Formen der Subversion in Uwe Timms Roman* Morenga. In: Sprache im technischen Zeitalter 41. Köln: SH-Verlag, pp. 463-471.

Timm, Uwe (2009): *Morenga*. München: Deutscher Taschenbuch Verlag.

Wilke, Sabine (2001): *„Hätte er bleiben wollen, er hätte anders denken und fühlen lernen müssen": Afrika geschildert aus der Sicht der Weißen in Uwe Timms* Morenga. In: Monatshefte Vol. 93, No. 3. Wisconsin: University of Wisconsin Press, pp. 335-354.

Coverbild: www.zeno.org

BEI GRIN MACHT SICH IHR
WISSEN BEZAHLT

- Wir veröffentlichen Ihre Hausarbeit,
  Bachelor- und Masterarbeit

- Ihr eigenes eBook und Buch -
  weltweit in allen wichtigen Shops

- Verdienen Sie an jedem Verkauf

Jetzt bei www.GRIN.com hochladen
und kostenlos publizieren